Tricotin créatif

Janine Varin

Creativa

Le matériel

Le tricotin mécanique

C'est l'outil le plus facile à utiliser qui permet de tricotiner des mètres sans effort et très rapidement. Une fois les mailles montées, il suffit de tourner la manivelle.

Les tricotins classiques

Leur ancêtre est la bobine piquée de 4 pointes autour de son trou central. Ils existent en différents diamètres avec plus ou moins d'aiguilles. Les outils pour fabriquer des fleurs en laine peuvent également servir à tricotiner. On peut également trouver des tricotins géants pour tricotiner de gros diamètres. Le tricotin classique permet de tricotiner tous les fils quelle que soit leur texture ou leur grosseur. Il suffit de choisir un tricotin adapté au fil.

Les fils

Tous les fils existant dans le commerce peuvent être utilisés. Laine, coton, acrylique, fil chenille, fourrure, rubanelle... Suivant leur texture, ils donneront un tricotin très régulier ou plus structuré.

Le tricotin mécanique ne fonctionne qu'avec des fils à la structure régulière et de grosseur moyenne (taille des aiguilles à tricoter préconisées 2,5 à 3,5). Le rendu sera très rustique dans le cas d'un fil irrégulier comme du lin par exemple. Pour réaliser des bijoux ou customiser des vêtements, préférez l'aspect soyeux de la rubanelle qui apportera de la brillance et un petit côté précieux à vos réalisations. N'hésitez pas à jouer avec les matières pour découvrir des rendus inédits qui viendront embellir vos créations.

Le tricotin classique

Etape 1

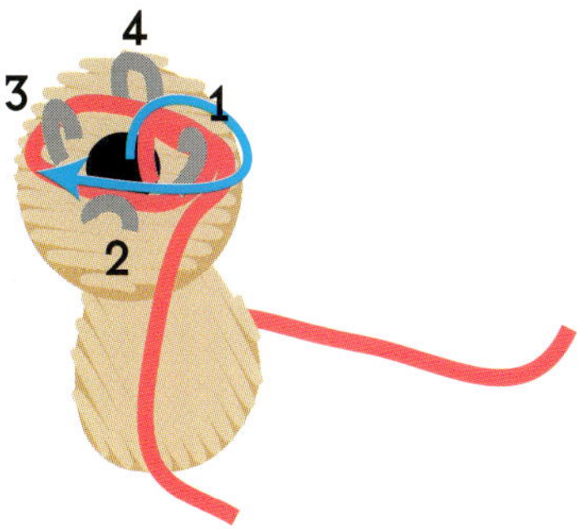

Etape 2

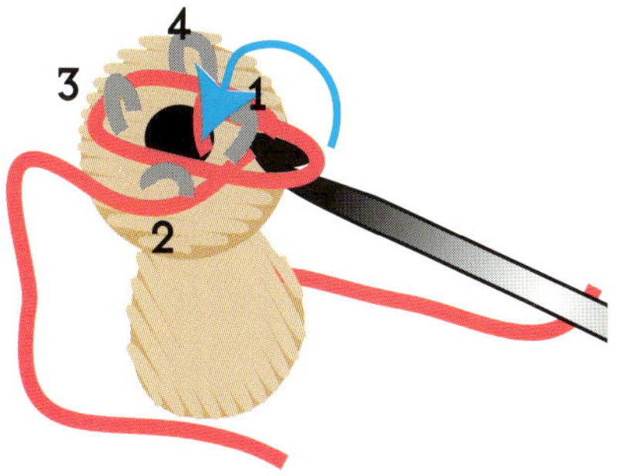

Etape 3

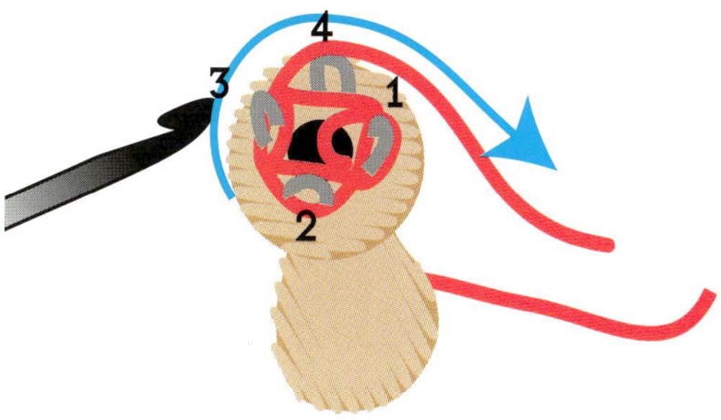

Le montage

1 - Passez environ 20 cm de fil à l'intérieur du tricotin. Faites tourner le fil autour des arceaux 1 et 3 puis repassez-le devant l'arceau 1.

2 - Avec un crochet ou une aiguille, faites passer la première boucle de fil par-dessus l'arceau 1 pour former la première maille.

3 - Passez le fil devant les arceaux 2, 3 et 4 puis passez le fil par-dessus l'arceau 3. Continuez en passant le fil devant l'arceau 1, formez une maille.

Formez une maille par dessus chaque arceau et continuez jusqu'à la longueur souhaitée. Attachez un poids à l'extrémité du fil sortant du tricotin pour faciliter votre travail.

Si vous ne trouvez pas de tricotin adapté au travail que vous souhaitez réaliser, vous pouvez également le fabriquer vous-même en clouant des pointes sans tête sur la circonférence d'un cercle en bois au diamètre de l'ouvrage que vous souhaitez réaliser. Pour les tricotins très fins, une bobine de fil en bois et 4 pointes feront merveille.

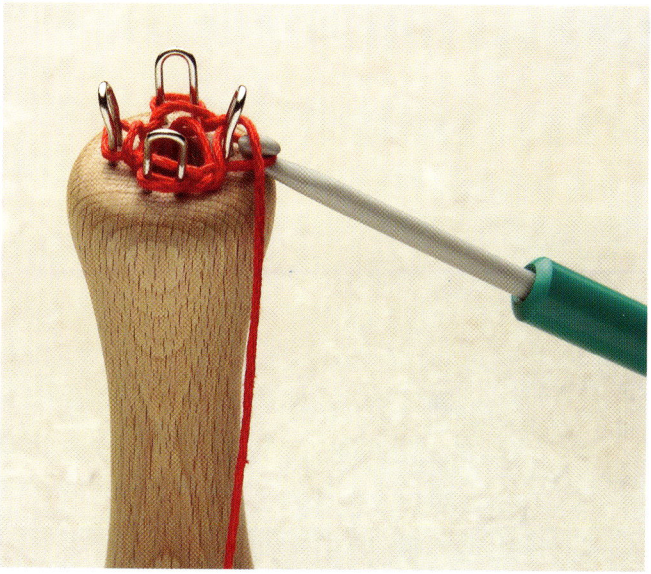

Le tricotin mécanique

Le montage

1 - Passez environ 20 cm de fil à l'intérieur du tricotin en le glissant au travers de la petite encoche sur le côté pour le guider. Passez le fil autour de 2 crochets face à face tout en maintenant le fil sortant du tricotin pour le tendre légèrement. Puis, repassez derrière le premier crochet et tricotinez la maille en tournant doucement la manivelle. Faites de même avec la seconde maille.

2 - Poursuivez le tricotin en tournant doucement la manivelle, le fil passe sous le crochet suivant. Veillez à garder une tension constante des fils entrant et sortant du tricotin .

3 - continuez à tourner doucement la manivelle pour obtenir une maille sur chaque crochet. Fixez le poids au bout du fil sortant du tricotin. Adoptez un rythme régulier pour tricotiner. Au fur et à mesure de l'allongement du tricotin, remontez le poids en nouant le serpentin le plus près possible du tricotin.

L'arrêt du serpentin

Tournez la manivelle en sens inverse pour retirer le serpentin des crochets. Pour le tricotin classique, retirez les mailles avec un crochet ou une grosse aiguille. Coupez le fil à environ 15 cm. Détricotez quelques mailles en tirant sur le fil. Enfilez une grosse aiguille et passez le fil dans toutes les mailles. Tirez pour fermer l'extrémité. Puis cachez le fil dans le serpentin sur 1 ou 2 cm. Coupez au ras.

Découper un serpentin

Découpez un morceau de tricotin à la taille souhaitée + 2 ou 3 cm. Tirez sur le fil pour détricoter quelques mailles. Enfilez une grosse aiguille et passez le fil dans toutes les mailles. Tirez pour fermer l'extrémité. Puis cachez le fil dans le serpentin sur 1 ou 2 cm. Coupez au ras (sauf indication contraire dans les modèles pour lesquels le fil peut permettre de fixer le serpentin).

Assembler les serpentins

Utilisez le fil du serpentin de tricotin ou un coton perlé n°5. Positionnez les serpentins à assembler sur le plan de travail. Piquez l'aiguille de haut en bas dans une maille du premier serpentin, puis de bas en haut dans la maille faisant face sur le second serpentin. Poursuivez sur toute la longueur. Procédez de la même façon pour assembler l'extrémité des serpentins sur une bande horizontale.

Un hiver douillet

Il vous faudra :

- 1 béret en lainage fuchsia et 1 paire de gants assortis
- 1 pelote de coton coloris vert anis, vert tilleul et fuchsia
- 8 pelotes de 20g de laine angora violette
- 1 petit rectangle de bristol de 5 x 10 cm
- Ciseaux et mètre ruban
- Planche de coupe, règle et cutter rotatif
- 3 perles crochetées orange de 2,5 cm de diamètre
- Perles de bois :
  - 8 violettes et 6 prune de 2 cm de diamètre
  - 4 prune de 1,5 cm de diamètre
  - 5 fuchsia de 0,7 cm de diamètre
- Coton perlé n°5 coloris vert anis, violet et fuchsia
- 1 tricotin mécanique et 1 gros tricotin de 8 cm de diamètre
- 1 grosse aiguille adaptée au coton perlé

1

Tricotinez 7 bandes de laine angora violette de 1,5 m avec le gros tricotin.
Avec le tricotin mécanique, tricotinez 2 m de laine angora violette, 1,5 mètre de coton fuchsia, 1 mètre de vert anis et 1,5 mètre de vert tilleul.

2

Réalisez les pompons qui seront cousus aux extrémités de l'écharpe. Enroulez 35 tours de laine violette autour du rectangle de bristol. Passez un fil sur un côté, nouez-le. Coupez les fils à l'autre extrémité.

3

Assemblez les bandes violettes pour obtenir une large bande. Laissez libre environ 20 cm pour former des franges à chaque extrémité. Fixez-les pompons à l'extrémité de chaque frange au travers d'une perle de 2 cm de diamètre en alternant les coloris violet et prune.

4 Réalisez une fleur double à 5 pétales en formant les pétales au fur et à mesure et en les maintenant avec un point de couture avec le coton perlé assorti. Réalisez le second rang en formant des pétales plus petits. Fixez la fleur sur l'écharpe par quelques points et ajoutez 3 perles au centre pour former le cœur.

5 Recoupez les franges des pompons à la même longueur à l'aide de la règle et du cutter rotatif.

6 Sur les gants, formez une fleur simple à 5 pétales et fixez-la sur le dessus du gant. Répétez la même opération pour l'autre gant. Cousez 2 petites perles au centre de la fleur pour le cœur.

7 Sur le béret, avec le tricotin violet, formez une fleur à 5 pétales en triple épaisseur. Réduisez la taille des pétales sur chaque fleur. Fixez-la au centre du béret avec 3 perles superposées pour le cœur. Cousez les tricotins verts en formant des feuilles et une spirale.

Eclats d'argent

Il vous faudra :

- 1 blazer en velours marron et 1 pochette en velours côtelé beige
- 1 pelote de rubanelle gris-vert
- 1 pelote de rubanelle rouille
- Perles ciselées argent (à gros trou): 2 plates de 1,5 et 2,5 cm de diamètre, 2 rondes et 2 étoiles de 1 cm de diamètre, 1 cœur d'environ 2 cm et 1 perle longue de 1,5 cm.
- 3 attaches parisiennes motifs fleurs d'1,5 à 2 cm de diamètre coloris rouille
- Perles orientales fantaisie coloris cuivre : 4 rondes d'1,5 cm de diamètre et 1 longue de 2,5 cm
- Fils à coudre assortis aux rubanelles
- 1 grosse aiguille à broder et 1 aiguille à coudre
- 1 tricotin mécanique
- Ciseaux et mètre ruban
- 1 poinçon

1

Réalisez un tricotin de rubanelle gris-vert de 170 cm de long. Coupez 4 longueurs : 50 cm (revers du col), 45 cm (revers poche droit), 40 cm (revers poche poitrine) et 35 cm (revers poche gauche).

2

Epinglez le serpentin de tricotin sur le revers du col dans un mouvement souple d'entrelacs. Epinglez puis cousez à petits points avant. Ajoutez la grosse perle plate surmontée d'une petite perle ronde argent dans l'une des spirales.

3

Composez les 3 autres motifs sur les revers des poches de la veste. Pour deux d'entre eux laissez libre quelques centimètres de tricotin. Puis enfilez une ou plusieurs perles maintenues par un nœud. Cousez les deux petites étoiles pour combler un vide.

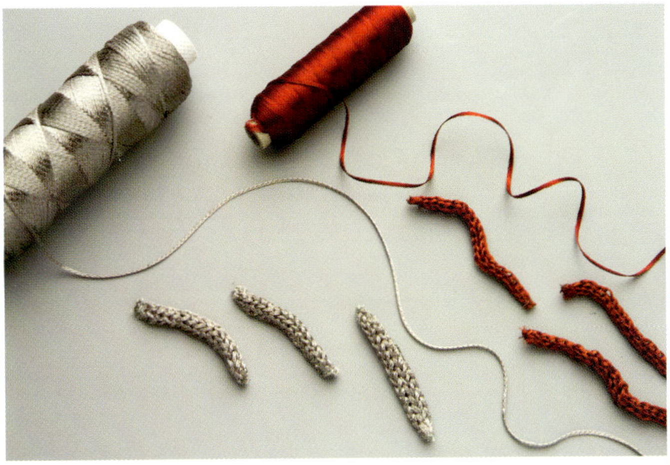

1 Pour customiser le sac, tricotinez 40 cm de serpentin gris-vert et 70 cm de rubanelle rouille. Coupez 6 petits morceaux irréguliers de 5 à 6 cm dans le tricotin gris-vert. De la même façon, coupez 3 morceaux dans le tricotin rouille. Arrêtez les extrémités coupées comme expliqué page 7.

2 Formez 3 fleurs en croisant 3 morceaux de tricotin. Disposez-les sur le rabat de la pochette. Percez un avant-trou avec un poinçon. Maintenez les fleurs avec les attaches parisiennes fleurs.

3 Découpez 4 petits morceaux de tricotin de 6 cm environ et 1 de 8 cm de long (pour la perle longue). Nouez une extrémité et enfilez les perles fantaisie.

4 Cousez les pampilles obtenues au bas de la pochette en positionnant la plus longue au centre.

Marina

Il vous faudra :

- 1 miroir avec cadre bois de 26 cm de côté
- 1 petite lampe avec pied en bois
- 1 pelote de fil de lin naturel à tricoter
- Petits galets décoratifs
- 1 tricotin mécanique
- Ciseaux et mètre ruban
- Colle à bois et pinceau
- Ruban de masquage

1 Délimitez les 4 carrés d'angles du miroir en appliquant le ruban de masquage. Badigeonnez de la colle sur l'un des carrés et recouvrez la surface de galets. Procédez de la même manière pour garnir les quatre angles.

2 Réalisez 6 tricotins de 20 cm et 4 de 45 cm de long. Enroulez les plus petits sur eux-même et collez les spirales obtenues sur le pied de la lampe. Réalisez 4 arabesques avec les derniers et collez-les sur le cadre.

Cocooning

Il vous faudra :

- 1 pull marron
- 1 plaid mauve de 135 x 135 cm
- 2 pelotes de fil à tricoter chenille coloris bleu glacier
- Rubanelle bleu glacier (pampille du pull)
- 1 tricotin mécanique
- Ciseaux et mètre ruban
- Fil à coudre bleu glacier
- Aiguille à coudre

1 Tricotinez 1 mètre de serpentin avec le fil chenille. Composez le motif de cœur à spirales centré sur le pull. Cousez-le en laissant la boucle libre à la pointe du cœur. Avec la rubanelle confectionnez une pampille. Glissez les 2 perles de bois sur le fil. Nouez la pampille dans la boucle du cœur et cachez les nœuds avec les perles.

2 Tricotinez un serpentin d'environ 6 mètres avec le fil chenille. Recoupez-le en 4 longueurs de 215 cm; 235 cm; 130 cm et 80 cm (de l'extérieur du motif vers l'intérieur). Arrêtez les extrémités des tricotins comme expliqué page 7.

3 Composez le motif en vous inspirant du dessin ci-dessous. Cousez-le à petits points avant.

Vert jade

Il vous faudra :

- Rubanelle vert d'eau
- 5 perles fantaisie de 2,5 cm de diamètre: 4 crochetées coloris vert pistache et multicolore, 1 recouverte de tissu vert pistache imprimé
- 1 perle fantaisie de 4 cm de long façon passementerie coloris vert bronze
- Perles de verre translucides (à gros trou) de 8 mm de diamètre coloris vert prairie et turquoise
- 1 perle fantaisie en pâte fimo incrustée de petites fleurs d'1,5 cm de diamètre coloris vert
- 1 fermoir or à écraser
- 1 apprêt de bague à grille ronde de 2,5 cm de diamètre
- 1 tricotin mécanique
- 1 aiguille et du fil à coudre assorti à la rubanelle
- 1 grosse aiguille
- 1 pince de précision à bec plat

1 Tricotinez environ 175 cm de rubanelle vert d'eau. Coupez le tricotin obtenu en deux : 90 et 85 cm de long. Enfilez les perles sur chacun des serpentins en alternant les perles de verre et les grosses perles fantaisie séparées par de nœuds.

2 Veillez à décaler les perles sur le deuxième rang pour équilibrer l'ensemble. Montez le fermoir en enfermant les deux extrémités dans la partie à écraser.

1 Pour réaliser la bague, tricotinez 80 cm de rubanelle. Enfilez des perles de verre en les groupant par 2 ou 3. Former des pétales les uns après les autres sur la grille de l'apprêt de bague. Maintenez-les par un point de couture au travers de la grille.

2 Superposez plusieurs rangs de pétales en réduisant leur taille au fur et à mesure. Pour terminer coupez le tricotin et arrêtez-le. Cousez la perle fantaisie verte au cœur de la fleur. Montez la grille sur l'apprêt et refermez les griffes.

A fleur de peau

Il vous faudra :

- 1 pelote de rubanelle coloris turquoise, bleu-vert, beige et prune
- Perles pour le collier :
  - 4 perles de verre bleu dur diamètre 1 cm (tour de cou)
  - Perles pyramides longueur 7 mm : 2 grises (tour de cou), 6 bleu-vert
  - 4 petites perles rondes nacrées vertes de 5 mm de diamètre
  - 2 perles étoiles vert d'eau métallisées de 1 cm de diamètre
- 7 cm de chaînette à maillons or
- Fil métallique or de 0,6 mm et 1 anneau de montage ouvert or
- 1 torque dorée et 1 apprêt de broche à grille ovale de 7 cm de long
- Perles pour la broche :
  - Petites perles rondes métallisées de 3 mm de diamètre coloris bleu-vert, vert d'eau et prune
  - 6 perles rondes métallisées de 8 mm de diamètre coloris beige et bleu-vert
  - Pour le cœur : 1 perle métallisée prune d'1,5 cm de diamètre, 1 perle or de 8 mm
- 1 tricotin mécanique
- Pinces de précision coupante et à bec arrondi

1

Pour réaliser le collier, tricotinez un serpentin bleu-vert de 40 cm et un autre vert d'eau de 30 cm. Coupez le serpentin bleu-vert en deux et arrêtez les extrémités comme expliqué page 7.

2

Glissez une longueur de fil métallique à l'intérieur de chaque serpentin. Prévoyez 5 cm de longueur supplémentaire par rapport à la taille du tricotin. Formez une étoile à 5 branches et 2 spirales. Avec la pince à bec arrondi formez un anneau à l'une des extrémités des motifs.

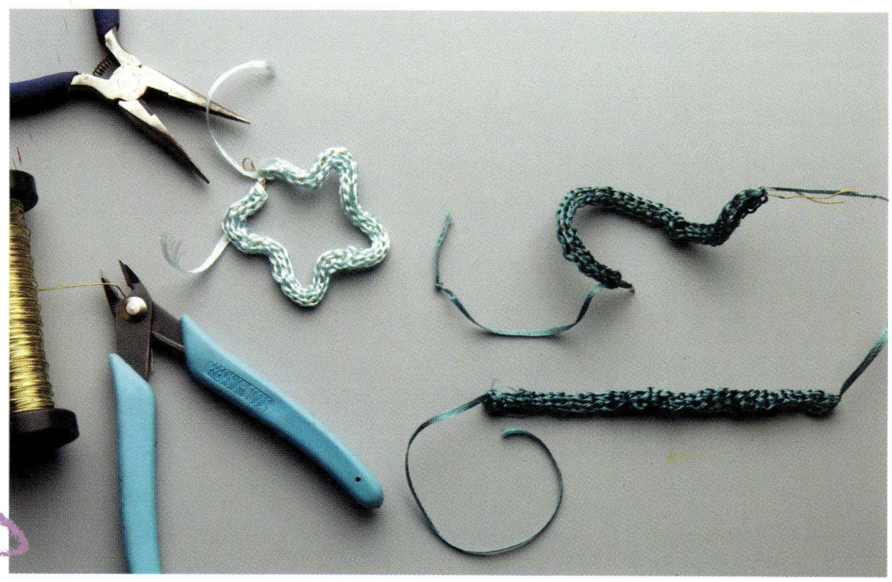

3

Fixez-les sur la chaîne. Enfilez 1 perle pyramide sur les 2 fils sortant du centre des spirales. Puis ajoutez 1 petite perle bleu-vert sur chacun d'eux. Vrillez les bouts des fils métalliques. Ajoutez des perles pyramides sur les excédents de rubanelle. Nouez pour arrêter.
Montez l'ensemble sur une torque avec des perles de chaque côté du pendentif.

1 Pour la broche, tricotinez 50 cm de rubanelle prune, 45 cm vert d'eau, 40 cm bleu-vert et 35 cm beige. Glissez une longueur de fil métallique à l'intérieur de chaque serpentin. Formez les fleurs de plus en plus petites sur la grille de la broche en les fixant avec du fil métallique.

2 Au travers de la grille, disposez 6 tiges de fil métallique mises à double sur le pourtour de la spirale beige, et une au centre. Enfilez 1 perle de 8 mm sur les 2 fils de chaque tige. Puis enfilez les petites perles sur les fils séparés en alternant les couleurs. Terminez en vrillant les extrémités.

3 Réalisez le cœur de la fleur en enfilant 1 perle prune de 1,5 cm de diamètre, puis 1 dorée et 1 petite perle turquoise sur chacun des fils. Vrillez les extrémités des fils pour finir. Fixez la grille sur l'apprêt de broche et refermez les griffes.

Boîtes à malice

Il vous faudra :

- 2 boîtes rondes de 8 et 10 cm de diamètre et de 10 et 11 cm de haut
- Cotons à tricoter : 1 pelote vert anis, beige, violette et parme clair (grande boîte)
- Cordonnet polyester : 1 pelote prune et fuchsia (petite boîte)
- Laine fine : 1 pelote blanche, 1 pelote écrue, 1 pelote beige (vide-poche)
- 4 fleurs et 1 papillon artificiels
- Chutes de raphia
- Perles de bois : 1 de 3 cm de diamètre (grande boîte) et 6 de 2,5 cm de diamètre
- 1 tricotin mécanique
- Fil métallique de 0,5 mm
- Ficelle de lin
- Coton perlé n°8 et aiguille adaptée
- Colle multi-matériaux
- Ciseaux et mètre ruban

1

Tricotinez 150 cm de coton vert anis, 200 cm de beige et violet, 260 cm de parme clair. Collez le tricotin tout autour de la boîte, puis sur le couvercle.
Attention, ne recouvrez pas la boîte jusqu'en haut, vérifiez d'abord la profondeur du couvercle. Au besoin, recoupez le serpentin pour l'ajuster.

2

Pliez en deux 5 ou 6 brins de raphia d'une trentaine de centimètres de long. Les glisser dans une grosse perle de bois. Déposez un point de colle au centre du couvercle et collez la perle.

3

Tricotinez 310 cm de cordonnet bordeaux et 150 cm fuchsia. Collez-les comme expliqué précédemment Puis ajoutez les éléments de décoration.

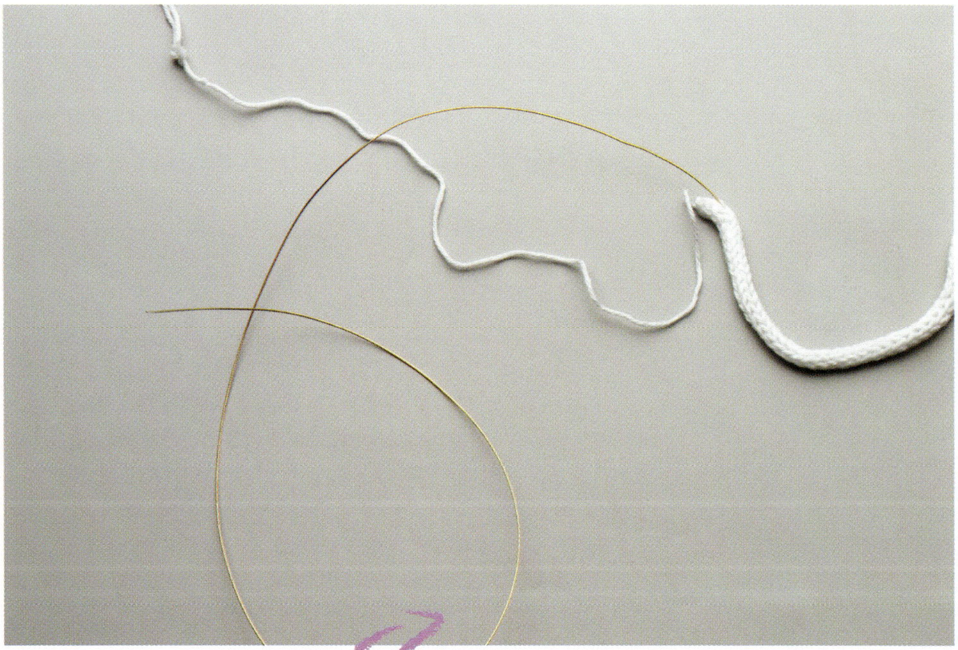

1 Tricotinez 3 mètres de laine fine dans les 3 coloris. Glissez à l'intérieur du fil métallique sur toute la longueur.

2 Cousez ensemble les 3 serpentins avec le coton perlé comme expliqué page 7. Laissez libres les 55 cm de l'extrémité. Enroulez sur elle-même la bande obtenue en l'assemblant à plat les 2 premiers tours, puis en remontant pour former le vide-poche.

3 Arrêtez l'assemblage avant le dernier tour. Poursuivez en cousant deux serpentins sur trois en laissant libre celui qui se trouve sur le haut du vide-poche. Retournez le vide-poche pour que les coutures se trouvent à l'intérieur.

4 Coupez un morceau de ficelle de 80 cm et enfilez les 6 perles de bois. Vrillez régulièrement la ficelle autour du dernier serpentin de tricotin en disposant les perles régulièrement au fur et à mesure de l'assemblage.

Arts et lettres...

Il vous faudra :

- 2 housses de coussins à rayures de 45 cm de côté
- 2 châssis toilés de 19 x 24 cm
- 2 pelotes de laine chenille kaki
- Fil de coton à tricoter : 1 pelote prune, violette, bleu ciel, bleu-vert, vert tilleul et vert anis
- Fil à coudre kaki et aiguille
- Epingles
- Colle multi-matériaux
- Ciseaux et mètre ruban
- 1 tricotin mécanique

1

Tricotinez 270 cm de laine chenille kaki pour chacun des coussins. Composez les mots Rayures et Bayadère en les maintenant avec des épingles au fur et à mesure pour pouvoir modifier la composition. Puis cousez les serpentins de tricotin à petits points avant.

2

Tricotinez 120 cm de coton dans chacun des coloris. Positionnez-les côte à côte sur la toile en formant des méandres. Au besoin, coupez les serpentins pour les ajuster. Collez la composition obtenue.

3

Tricotinez 2 mètres de coton dans chacun des coloris.
Commencez par former 2 cercles sur la toile en coupant 20 à 25 cm de tricotin vert tilleul et fuchsia. Poursuivez en ajoutant des longueurs variables de tricotin. Veillez à juxtaposer une couleur claire et une couleur foncée. Epousez les contours des cercles pour remplir le fond. Collez.

Floralies

Il vous faudra :

- 1 gilet d'enfant
- Laine fine : 1 pelote rose pâle, vert anis, prune et orange
- Coton perlé n°5 coloris assortis aux tons de laine
- 3 perles prune de 1 cm de diamètre
- 1 perle jaune d'1,5 cm de diamètre
- 1 perle en fourrure fuchsia
- 1 tricotin mécanique
- 1 aiguille adaptée au coton perlé
- Ciseaux et mètre ruban
- Epingles

1 Tricotinez 50 cm de laine rose pâle, 45 cm prune, 100 cm orange et vert anis (coupé en deux : 55 + 45 cm). Composez le motif en vous inspirant de la photo, fixez-le avec des épingles. Rentrez les fils dans les tricotins avec une aiguille pour les arrêter.

2 Cousez le motif à petits points avant avec les cotons perlés assortis. Ajoutez les perles.

Un hiver iodé !

Il vous faudra :

- 1 écharpe noire en panne de velours
- Laine fine : 1 pelote vert anis, bleu dur, turquoise, écrue, bleu marine et bleu-vert
- Perles translucides motifs fantaisie : poissons et pieuvres dans un camaïeu de bleu
- Perles translucides rondes de 7 mm de diamètre coloris turquoise et vert
- Perles translucides plates de 2 cm de diamètre
- 50 cm de ruban de satin de 3 mm de large dans 4 tons de bleu différents
- 60 cm de queue de rat vert anis, turquoise et bleu dur
- Fil à coudre et aiguille
- 1 tricotin mécanique
- Ciseaux et mètre ruban
- Epingles

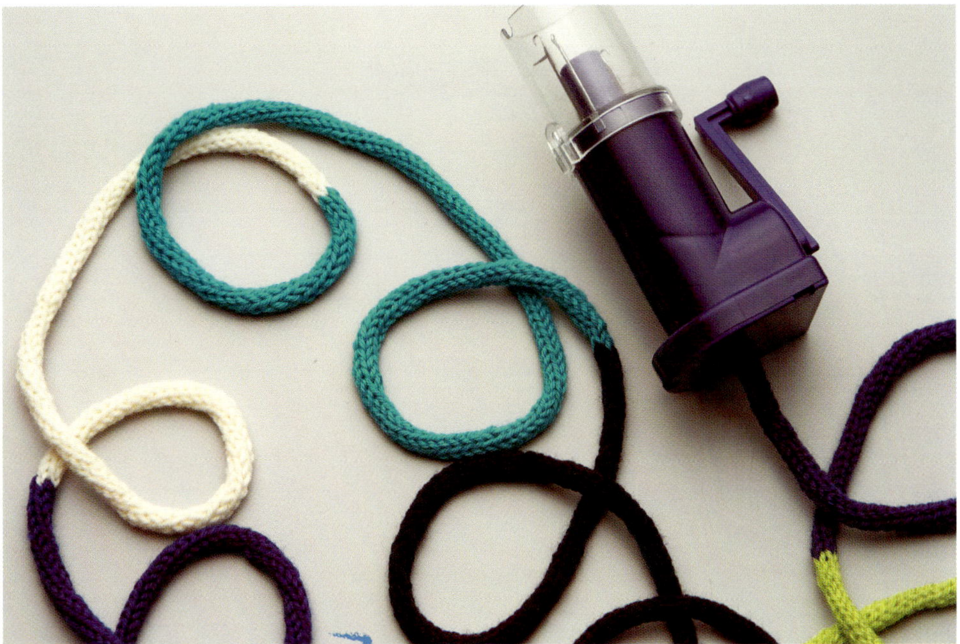

1 Tricotinez 2 fois 5 mètres de laine en alternant les 5 coloris tous les 50 cm environ. Pour changer de coloris, coupez le fil et nouez le fil suivant. Rentrez ensuite les nœuds apparents à l'intérieur du serpentin de tricotin.

2 Enroulez chaque tricotin sur lui-même pour former un cylindre de 23 cm de diamètre environ (à ajuster en fonction de vos mesures: poignet, largeur de la main, rétrécissement au niveau des doigts). Coudre à petits points jusqu'au niveau du pouce pour lequel vous laisserez une ouverture de 3 cm.

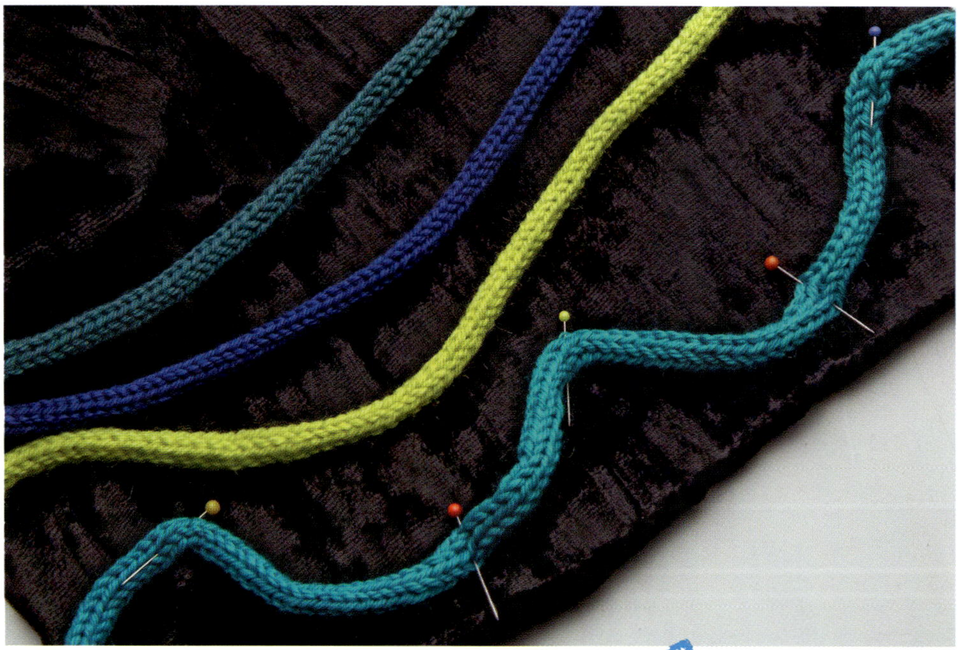

1 Tricotinez 1 mètre de laine fine turquoise, vert anis, bleu dur et bleu-vert. Coupez les serpentins obtenus en deux. Formez des vagues aux deux extrémités de l'écharpe. Cousez-les à petits points avant.

2 Fixez les perles pieuvres et poissons le long des vagues avec 8 cm de ruban noué. Recoupez les extrémités en biseau. Enfilez 15 cm de queue de rat dant une perle ronde puis ajoutez une perle plate sur les 2 fils. Nouez les 2 fils 3 fois pour obtenir une pendeloque. Cousez 6 pendeloques à chaque extrémité de l'écharpe.

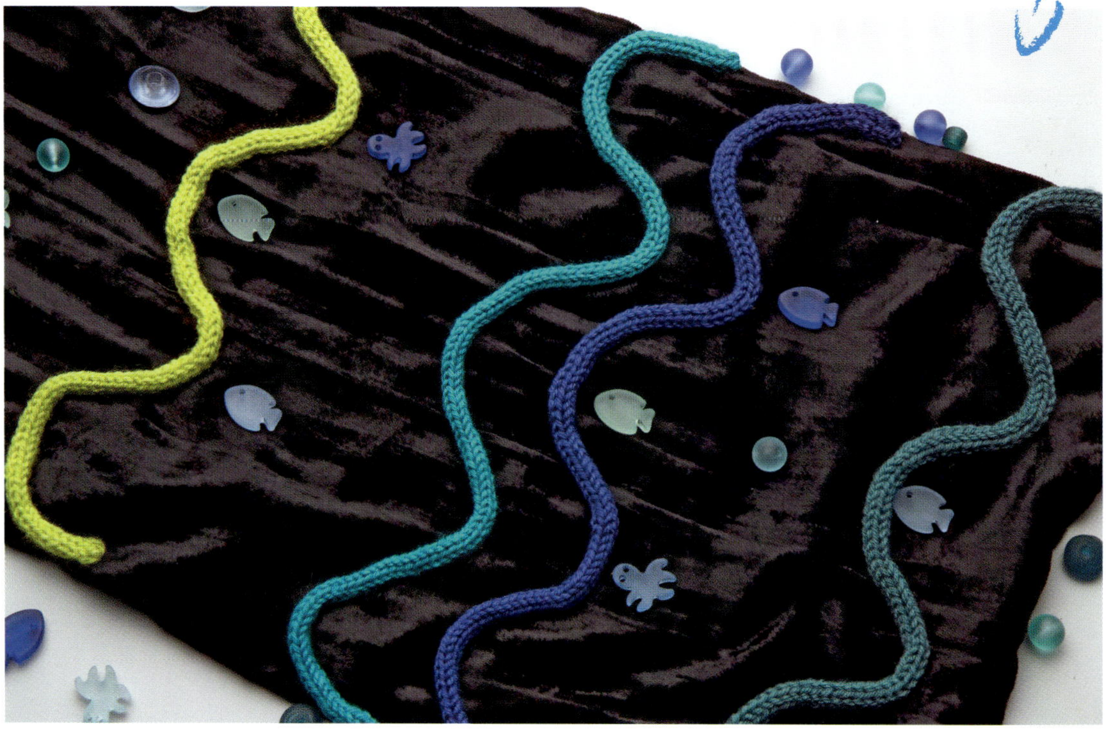

Au soleil

Il vous faudra :

- 1 sac en paille brun d'environ 30 cm de côté
- 1 paire de tongs
- 50 x 50 cm de feutrine assortie au sac
- Fil à tricoter viscose brillant : 1 pelote turquoise, kaki, fuchsia et violette
- Fil métallique de 0,6 mm
- Mini attaches parisiennes de couleur
- Perles pour les tongs : 4 perles pyramide prune de 8mm de long, 4 perles rondes prune de 6 mm de diamètre et 2 perles rondes grises de 8 mm de diamètre
- Colle à prise rapide multi-matériaux
- 1 feuille de papier et 1 crayon à papier pour le patron
- Ciseaux et mètre ruban

1 Tricotinez 90 cm de fil turquoise, 80 cm fuchsia, 70 cm violet et 60 cm kaki. Glissez du fil métallique dans chacun des serpentins. Formez les fleurs et fixez-les sur le sac avec les attaches parisiennes.

2 Dans le tricotin kaki, coupez 3 serpentins d'environ 15 cm. Glissez une longueur de fil métallique dans chacun d'eux. Formez les spirales et fixez-les sur le sac avec 4 ou 5 attaches parisiennes.

1

Réalisez un patron adapté au modèle de tongs choisi. Epinglez-le dans la feutrine et découpez 2 pièces (en retournant le patron pour la deuxième tong). Crantez le contour.
Tricotinez 1 mètre de fil turquoise et 35 cm kaki. Coupez-les en deux.

2

Sur la pièce de feutrine, réalisez des vagues turquoise fixées avec des attaches parisiennes. Glissez du fil métallique dans un serpentin de tricotin kaki et formez la spirale. Fixez-la au centre des vagues turquoises à l'aide d'un morceau de fil métallique plié en deux et passé au travers de la feutrine. Enfilez la perle grise sur les 2 fils puis 1 pyramide + 1 perle prune. Arrêtez les fils en vrillant les extrémités.

3

Réalisez la seconde pièce de feutrine de la même façon. Collez-les sur les tongs en les maintenant avec des pinces à linge le temps du séchage.

Charme d'un soir

Il vous faudra :

- 1 pelote de laine angora fuchsia
- Rubanelles coloris saumon, bronze, vert prairie,écrue, bordeaux et vert sapin
- Perles or : 3 de 8 mm de diamètre et 3 de 4 mm
- Fil métallique de 0,6 mm
- 1 apprêt de broche à grille
- 2 pampilles fuchsia (passementerie sur ruban)
- Fil à coudre fuchsia et aiguille à coudre
- 1 anse câblée à clipser Prym
- 1 tricotin mécanique et un tricotin d'environ 5 cm de diamètre
- Ciseaux et mètre ruban

1 Avec le tricotin de 5 cm de diamètre, tricotinez 6 mètres de serpentin fuchsia.

2 Glissez du fil métallique à l'intérieur du serpentin.

3 Enroulez le serpentin sur lui-même jusqu'à obtenir un cercle de 12 cm de diamètre (fond du sac). Poursuivez l'assemblage à petits points en montant pour former le sac. Puis terminez en assemblant le rabat du sac à plat.

4 Cousez une pampille sur le bord du rabat et l'autre centrée sous le sac. Ajoutez l'anse clipsée de chaque côté du sac.

1 Tricotinez 40 cm de rubanelle vert prairie (recoupez en 2); 60 cm coloris vert sapin (recoupez en 2), saumon (recoupez en 3 et beige (recoupez en 3); 80 cm coloris bordeaux (recoupez en 4); 20 cm coloris bronze.

2 Enfilez du fil métallique dans les 16 petits serpentins obtenus en laissant dépasser quelques centimètres pour la fixation.
Formez les pétales en cœur, ainsi que les deux feuilles vertes allongées en pinçant l'extrémité.

3 Fixez les pétales un à un sur la grille de la broche en commençant par les plus grands. Terminez en ajoutant les perles or à l'une des extrémités des serpentins écrus et bronze. Vrillez le fil pour maintenir les perles. Fixez-les au centre de la fleur.

4 Coupez l'excédent de fil métallique dépassant sous la grille. Montez-la sur l'apprêt de broche et refermez les griffes.

Rouge ou bleu ?

Il vous faudra :

- Coton à tricoter coloris orange, fuchsia, rouge, vert anis, beige, et 3 tons de bleu
- Boutons de nacre : 1 turquoise de 3,5 cm et 1 beige de 3 cm de diamètre
- 3 perles gouttes bleu ciel de 1 cm
- 1 perle à facettes de 4 mm de diamètre
- 4 grosses perles de rocaille bleu ciel
- 1 pampille vert anis de 5 cm
- Perles pyramides orange de 6 mm
- Perles de rocaille coloris vert anis et rouge
- Fil à coudre orange
- Cotons perlés n°8 assortis aux cotons à tricoter
- Fil à coudre orange, fuchsia, rouge et vert anis
- Aiguille à broder et aiguille fine pour les perles
- 15 cm de biais orange
- 1 gros bouton pression
- Ciseaux et mètre ruban

1 Tricotinez 170 cm de coton bleu marine et bleu ciel, 200 cm de coton bleu moyen, 330 cm de coton beige. Recoupez les serpentins bleu marine et bleu ciel en 8, le serpentin bleu moyen en 10, le serpentin beige : 1 longueur de 150 cm et le reste en 8.

2 Assemblez les bandes obtenues en suivant le dessin ci-dessous. Réalisez le même assemblage pour l'envers du sac. Assemblez les 2 côtés du sac de part et d'autre de la bandoulière de 150 cm.

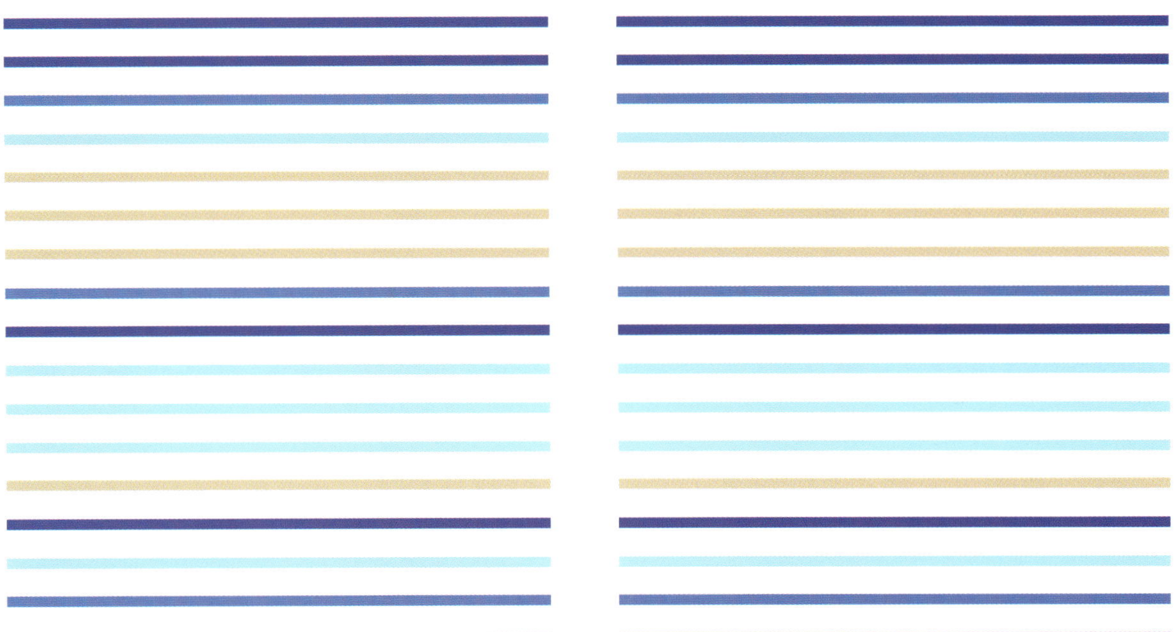

1 Tricotinez 80 cm de tricotin dans chaque coloris. Recoupez 8 serpentins de 28 cm (2 dans chaque coloris), et 4 de 11 cm. Positionnez les serpentins obtenus sur le plan de travail comme indiqué sur la photo.

2 Assemblez les serpentins dans l'ordre avec les cotons perlés assortis. Cousez les côtés pour fermer la pochette. Cousez le biais pour maintenir le haut du devant de la pochette. Ajoutez la frange de perles : alternez des pendeloques de 3 perles de rocaille + 1 pyramide + 1 rocaille et 1 rocaille + 1 pyramide + 1 rocaille. Enfilez les perles puis repassez le fil dans les perles, dans l'autre sens.

3 Fixez la pampille sur le rabat et cousez le bouton pression. Réalisez la cordelière avec 2 fils de 4 mètres dans chaque coloris de coton à tricoter. Torsadez les fils et pliez en deux pour obtenir la bandoulière. Nouez les extrémités et cousez la cordelière sur la pochette.

Bonnes adresses

Kars & Co
www. Kars.biz

Loisirs et création
www.loisirsetcreation.com

Tout à Loisirs
www.toutaloisirs.fr

Prym
www.prym-consumer.com

Panduro
www.panduro.fr

Bergère de France
www.bergeredefrance.fr

Uhu
www.uhu.de

Cultura
www.cultura.com

Réalisation : Janine Varin
Mise en pages et stylisme photos : Idéclik
Photos : Studios Dussouillez- Matéo
Fabrication : Aurélie Lacombe

Achevé d'imprimer en octobre 2006 en Italie par Dea Printing
Dépôt légal : octobre 2006
ISBN 10 : 2 215 09 011 1
ISBN 13 : 978 2 215 09 011 3
N° d'édition :93826-01